JÉSUS-CHRIST !!!

LIBERTÉ, ÉGALITÉ, FRATERNITÉ.

Tournez les yeux vers moi, peuples
de toute la terre, et vous serez sauvés,
parce que je suis Dieu, et qu'il n'y en
a point d'autre.

ISAIE, verset 22.

Edition ornée de

LA SAINTE FACE,

Prix : 50 centimes.

Sans la Sainte Face, 25 c.

PARIS,

GARNOT,   **BARBA,**

7, RUE PAVÉE SAINT-ANDRÉ,   4 BIS, RUE DE LA PAIX,

1848

IMPRIMERIE DE RAYNAL, A RAMBOUILLET.

JÉSUS-CHRIST.

LIBERTÉ, ÉGALITÉ, FRATERNITÉ.

Notre-Seigneur Jésus-Christ n'a cessé d'être la lumière du monde.

Les hommages que les peuples lui rendent aujourd'hui d'une manière si solennelle n'ont-ils pas été provoqués par les actes du Grand-Pontife, son représentant sur la terre. C'est qu'en effet le christianisme est comme l'arsenal de la liberté. Ses richesses suffiront éternellement aux nations dignes de comprendre ces trois grands mots : *Liberté, Égalité, Fraternité.*

Ces considérations nous ont fourni la pensée de résumer en quelques pages la vie de l'Homme-Dieu. Cela dit, entrons en matière.

Jésus-Christ, comme les plus pauvres, dont il est principalement la personnification, vint au monde dans un humble réduit, la douzième année du consulat d'Auguste, lorsque la paix régnait dans l'univers.

Les prophètes avaient prédit sa venue, comme devant être la réparation du mal causé par le péché d'Adam.

Il fut conçu dans le sein d'une vierge, nommée Marie, de la tribu de Juda, épouse de Joseph de Nazareth, l'un et l'autre pauvres et obscurs, quoique issus de la race royale de David.

De simples pasteurs de troupeaux furent les premiers à l'adorer. Les rois-mages, venus d'Orient, se présentèrent ensuite, avertis par un oracle de leur pays que le Roi-Sauveur était né. Ces princes lui offrirent de l'or, de l'encens et de la myrrhe.

Hérode, qui gouvernait alors la Judée pour les Romains, irrité contre les rois qui étaient retournés dans leurs royaumes sans lui rendre compte de ce qu'ils avaient vu, ordonna le massacre de tous les enfants mâles nés depuis deux ans. La sainte famille se réfugia alors en Égypte, et Jésus fut sauvé.

La jeunesse de Jésus-Christ nous offre un modèle constant de soumission, de douceur et d'application aux devoirs. Chaque jour il se fortifiait en sagesse et en vertu. Joseph et Marie revenant une fois de célébrer la Pâque à Jérusalem, où ils avaient emmené Jésus, âgé de douze ans, s'aperçurent que l'enfant n'était plus avec eux. Ils le cherchèrent, en proie à la plus vive anxiété, et ce ne fut que le troisième jour qu'ils le retrouvèrent dans le temple, au milieu des docteurs qu'il instruisait et qu'il interrogeait. Sa mère lui ayant demandé pourquoi il s'était ainsi séparé de sa famille :

« Ne saviez-vous pas, » leur dit-il, « que je dois m'occuper du service de mon père dans les lieux qui lui appartiennent ? »

Il retourna ensuite avec eux à Nazareth, où il demeura docile et soumis à ses parents, qui vivaient du travail de leurs mains.

Mais le temps s'approchait où devaient s'accomplir les grands mystères de la rédemption du genre humain. Tout cela avait été prédit, et Isaïe, dont les paroles servent d'épigraphe à notre opuscule, qui vivait trois cents ans après David, en a parlé avec autant de clarté que le Roi-Prophète. Il le voit sortir du sang de Jessé, naître d'une vierge ; il l'appelle un enfant admirable, le père du siècle futur, le prince de la paix ; enfin il le nomme *Dieu*. Son règne sera éternel, toutes les nations se prosterneront devant lui ; à sa parole, les boiteux seront redressés, les sourds entendront, les muets parleront, les aveugles verront : mais le même prophète, après avoir parlé de la gloire du Messie, parle aussi de ses humiliations : il le représente défiguré, méconnu, méprisé, le dernier des hommes, l'homme de douleurs, chargé d'infirmités, parce qu'il a pris sur lui nos iniquités, qu'il expie par ses souffrances. On lui crachera au visage ; il sera traité comme un criminel, mené au supplice avec des méchants, et il se livrera lui-même à la mort.

L'an quinzième de Tibère, sous Ponce Pilate, gouverneur de la Judée, le *Messie*, dit le *Christ*, fut annoncé par la voix de Jean, fils de Zacharie, homme saint et juste, retiré au désert, et prêchant la pénitence et l'approche du royaume de Dieu au peuple qu'il baptisait sur les bords du Jourdain.

Jésus se présente à lui pour recevoir le baptême.

« Le voici, » s'écria Jean-Baptiste ; « voici celui qui doit venir. Je baptise dans l'eau : il doit baptiser dans l'esprit saint, que j'ai vu descendre sur lui et manifester le fils de Dieu. »

Ce premier témoignage rendu à sa divinité, valut à Jésus ses premiers disciples. C'étaient de simples pêcheurs, André et Simon, qui reçut le surnom de Pierre. Le Sauveur avait alors atteint sa trentième année. Ici commence sa vie d'action.

D'abord il se recueille. Il jeûne au désert pendant quarante jours ; là, tous les royaumes du monde lui sont offerts s'il cède à l'esprit tentateur. Il le repousse par ces mots de l'Écriture : *Vous adorerez le Seigneur votre Dieu, et vous ne servirez que lui*. Le service de Dieu signale son premier acte. De Capharnaum, ville principale de Galilée, s'étant rendu pour la Pâque à Jérusalem, dévoré d'un saint zèle, il s'arma d'un fouet, et chassa du temple les vendeurs, qui faisaient, disait-il, de la maison de son père une maison de trafic.

Jésus fit alors plusieurs miracles, dont le but était plutôt d'être utiles aux hommes que de prouver la toute-puissance de celui qui les faisait. Ainsi il changea l'eau en vin ; il rendit la vue aux aveugles, l'ouïe aux sourds, le mouvement aux paralytiques. Les maladies les plus invétérées, il les guérissait en un moment, souvent d'une seule parole, quelquefois sans avoir les malades ni les approcher. Il a ressuscité les morts, il a apaisé une tempête en menaçant les vents et la mer ; deux fois il a multiplié les pains dans le désert, pour nourrir une grande multitude qui le suivait ; il se rendait invisible quand il le voulait ; il connaissait les plus secrètes pensées des hommes et il prédisait l'avenir. Étant sur le Thabor avec trois de ses disciples, il fut transfiguré devant eux.

En vain les pharisiens lui demandèrent-ils quelques signes dans le ciel ; en vain Hérode désira-t-il de voir quelque prodige : jamais il n'en fit aucun pour satisfaire la curiosité ; mais il ne refusa de guérir aucun des malades qui implorèrent son secours. Tous les miracles du Sauveur sont incontestables : il ne les a point faits dans des lieux cachés, mais au milieu des rues et des places publiques, dans le temple et à la vue d'un peuple entier. La résurrection de Lazare se fit à Béthanie, qui n'est pas éloignée de Jérusalem, devant une multitude de témoins : la guérison du paralytique de trente-huit ans, celle de l'aveugle-né, ont été opérées au milieu de Jérusalem. Ce dernier miracle fit beaucoup de bruit : les chefs de la synagogue en furent alarmés : ils interrogèrent l'aveugle et ses parents, mais les recherches ne servirent qu'à confirmer la vérité du miracle et à lui donner plus d'éclat.

« Si Notre-Seigneur, » dit un pieux écrivain, « en a fait quelques uns dans le désert, c'était en présence de cinq et de sept mille personnes. » Il a fait la plupart de ses miracles sous les yeux des pharisiens et des docteurs de la loi, les ennemis les plus déclarés et les plus disposés à les révoquer en doute. Ils ont été confondus par l'évidence même ; ils n'ont pu les nier ; ils les ont même avoués formellement. « Que faisons-nous ? » disaient-ils, « cet homme fait beaucoup de miracles ; si nous le laissons continuer, tout le monde croira en lui. » C'est ce qui les détermina à le faire mourir.

La foule le suivait alors de plus en plus. Les disciples, à qui il avait dit : «Je vous ferai *Pêcheurs d'hommes* », commençaient aussi à répandre sa doctrine.

« Ne craignez point, » nous dit Jésus-Christ, « ceux qui tuent le corps, et qui ne peuvent tuer l'âme ; mais craignez celui qui peut perdre l'âme et le corps dans l'enfer. »

Il nous dit aussi d'aimer Dieu par dessus toutes choses.

« Vous aimerez le Seigneur votre Dieu de tout votre cœur, de toute votre âme, de tout votre esprit, de toutes vos forces. » Il ajoute : « Nul ne peut servir deux maîtres : prenez garde de ne pas faire vos bonnes œuvres devant les hommes pour en être regardés ; autrement vous n'en recevrez pas la récompense de votre père qui est dans les cieux. » Jésus-Christ nous ordonne aussi d'aimer notre prochain comme nous-mêmes ; et par le prochain, il entend tous les hommes, même nos ennemis. « Faites du bien à ceux qui vous haïssent ; priez pour ceux qui vous persécutent et qui vous calomnient, afin que vous soyez les enfants de votre père céleste, qui fait luire son soleil sur les bons et sur les méchants. »

Il nous commande de pardonner à notre prochain toutes les offenses qu'il aura commises contre nous, de ne pas juger non plus témérairement.

« Pardonnez aux autres, et l'on vous pardonnera. »

« Ne jugez point, et vous ne serez pas jugés. »

« Ne condamnez point, et vous ne serez pas condamnés, car on se servira envers vous de la même mesure dont vous vous serez servi envers les autres. » Il nous commande de résister à nos passions ; et il en condamne non seulement les actions extérieures, mais encore le désir et la pensée du mal. « Un législateur qui porte de telles lois, » dit le même écrivain que nous avons cité, ne peut être que l'envoyé de Dieu. » La doctrine de Jésus-Christ réprime tous les vices et commande toutes les vertus ; elle ferait le bonheur de l'homme, si l'homme était fidèle à la suivre et à la pratiquer. A cette doctrine si belle par elle-même, Notre-Seigneur joint les motifs les plus puissants et les plus propices à faire sur nous une vive impression : il nous annonce que cette vie courte et fragile que nous passons sur la terre sera suivie d'une vie éternelle, où Dieu récompensera magnifiquement ceux qui auront accompli ses commandements, tandis que des peines sans fin attendent ceux qui les auront violées.

Ainsi que nous l'avons dit, c'est à l'âge de trente ans ans que Jésus-Christ commença son ministère public : alors on vit briller en lui les vertus les plus sublimes. Sa douceur était admirable ; jamais il n'a rebuté personne : les plus grands pécheurs mêmes, il les recevait avec bonté ; il ne faisait pas difficulté de manger avec eux ; et quand on lui reprochait cette condescendance, il répondait : « Je ne suis pas venu chercher les justes, mais les pécheurs : ce ne sont pas ceux qui se portent bien qui ont besoin de médecin, ce sont les malades. » Il embrassait avec bonté les enfants, il les bénissait en leur imposant les mains, et il disait à ses disciples : « Laissez-les venir à moi ; c'est à eux et à ceux qui leur ressemblent que le royaume de Dieu appartient. » Partout c'est un caractère de bonté qui charme et qui inspire la confiance ; mais cette douceur ne l'empêchait pas de reprendre avec force les pécheurs endurcis, et principalement les pharisiens, à qui il reprochait hautement leur orgueil et leur hypocrisie. Jésus-Christ a montré une patience invincible dans toutes sortes de maux, depuis l'étable où il est né, jusqu'au Calvaire où il est mort ; depuis la crèche jusqu'à la croix ; partout nous le trouvons dans la douleur, dans les travaux, dans les souffrances ; il a enduré la faim, la soif, la fatigue des voyages, toutes les incommodités de la pauvreté ; il n'a rien voulu posséder sur la terre ; il n'avait même pas où reposer sa tête ; il subsistait de ce que lui fournissaient volontairement ceux à qui il annonçait la parole de Dieu. Il supportait, sans se plaindre, les embarras de la foule qui le pressait, les importunités des malades, dont il était continuellement accablé.

Ce fut à Nazareth, où il avait été élevé, qu'il fut le plus méconnu de ses compatriotes. Lorsqu'il ouvrit, dans la synagogue, le livre d'Isaïe, et qu'étant tombé sur ce passage : *J'ai reçu l'onction du Seigneur, qui m'a envoyé avec son Esprit pour prêcher l'Évangile aux peuples, les délivrer de l'oppression, et publier le jour des miséricordes et de la justice,* il interpréta ces paroles en se les appliquant, et dit : *C'est aujourd'hui que l'Écriture que vous venez d'entendre s'accomplit;* tout étonnés de l'élévation et de la grâce de ses discours : *D'où est venue donc au fils de Joseph cette sagesse si merveilleuse?* dirent les assistants scandalisés. Mais lorsqu'il ajouta, que *nul n'est prophète dans son pays*, et qu'il rappela l'exemple et la conduite d'Élie, comme pour en faire l'application à leur incrédulité, ils s'irritèrent au point qu'ils l'entraînèrent au sommet de la ville pour le précipiter ; mais Jésus leur échappa en passant au milieu d'eux. Hérode crut alors que Jésus était Jean-Baptiste ressuscité ; il le fit chercher. Jésus se porta alors au delà du lac de Tibériade. Une grande foule le suivit ; et c'est alors qu'il fit le miracle des pains pour nourrir toute cette multitude, sans cesse en butte aux malices des pharisiens. Il éprouva leurs mauvaises intentions à son égard au sujet de l'impôt, sur la légitimité duquel ils feignirent une fois de lui demander son avis ; ce qui leur attira, d'après la représentation de la monnaie du prince, cette réponse qui les déconcerta : *Rendez à César ce qui est à César, et à Dieu ce qui est à Dieu.*

A ses disciples, qui l'accusaient de préférer Pierre, et qui, à cette occasion, demandaient *lequel était le plus grand dans le royaume des cieux*, il répondit et joignit l'action aux paroles, en mettant au milieu d'eux un petit enfant, qu'il plaça près de lui et qu'il embrassa. Il leur donna ensuite les instructions les plus touchantes sur l'humilité, la patience, et sur le pardon et l'oubli réciproque des injures.

Chaque jour Jésus continuait d'instruire le peuple dans des paraboles dont la morale s'adressait soit aux publicains, soit aux pharisiens présents, telles que l'histoire du Mauvais Riche, celle de l'Enfant Prodigue, etc.

Les princes des prêtres et les docteurs de la loi craignant que si Jésus était reconnu pour le Christ, la croyance dans son nouveau royaume n'attirât contre eux les Romains, et ne causât la ruine de Jérusalem et de son temple, délibérèrent sur les mesures à prendre pour l'arrêter et s'en défaire, conformément à l'avis du grand-prêtre Caïphe, qui s'écria, comme par une sorte d'inspiration prophétique, « qu'il fallait qu'un seul mourût pour le salut de tous. » Mais Jésus, sachant que son heure n'était pas

encore venue, se retira de nouveau dans le désert, en attendant
la Pâque. A cette epoque, il revint à Béthanie, dans la maison
de Marie, sœur de Lazare, qu'il avait ressuscité. Celle-ci ayant
versé sur la tête et les pieds de Jésus un parfum précieux, il la
justifia par ces paroles devant Judas, qui blâmait son action.
« Cette femme, » dit-il, « a fait une œuvre qui honore d'avance
ma sépulture, et qui sera célébrée partout où cet Évangile sera
prêché. »

Le Sauveur se rendit enfin à Jérusalem, au milieu d'un con-
cours immense. Des aveugles, qui l'insultèrent dans sa marche,
recouvrèrent la vue en l'approchant. Monté humblement sur
une ânesse, Jésus entra dans Jérusalem, au milieu des acclama-
tions du peuple. Il employa encore les jours qui suivirent ce
triomphe à instruire le peuple et les savants, qui se trouvèrent
plus d'une fois mis à découvert dans leur hypocrisie, par les
vérités dont ses discours étaient remplis.

Ils auraient voulu s'en emparer; mais ils n'osaient, par la
crainte qu'ils avaient du peuple. Alors un des douze apôtres,
appelé Judas Iscariote, vint trouver les principaux de la synagogue, et leur dit : « Que voulez-vous me donner, et je vous le
mettrai entre les mains ? » Et ils convinrent de lui donner trente
pièces d'argent. Depuis ce temps-là, il cherchait une occasion
de le livrer entre leurs mains. Or, le premier jour des Azymes,
les disciples vinrent trouver Jésus, et lui dirent : « Où voulez-
vous que nous préparions ce qu'il faut pour manger la Pâque ?
— Allez-vous-en dans la ville, chez un tel, et lui dites : Le maître vous envoie dire : Mon temps est proche ; je viens faire la
Pâque chez vous avec mes disciples. » Les disciples firent ce
que Jésus avait commandé, et préparèrent la Pâque. Le soir
étant venu, ils se mirent à table. C'est alors qu'après avoir rompu
avec eux le pain, il leur dit : « Je vous dis, en vérité, que l'un
de vous me doit trahir. » Judas ayant demandé si c'était lui,
Jésus répliqua : « Vous l'avez dit. »

Après avoir exhorté ses disciples à la concorde, Jésus quitta le
lieu du banquet et passa dans le jardin de la montagne des Oli-

viers. Là, il s'offrit en sacrifice à son père. Il pleura sur les maux et les crimes de l'humanité.

A peine sa prière était-elle achevée, que Judas se présenta accompagné des hommes d'armes qui lui avaient été donnés pour l'aider dans son odieuse action. L'infâme vint pour donner à son maître le baiser de paix.

Jésus le reçut avec douleur, en disant : « Quoi ! Judas, vous me trahissez par un baiser ! » Puis il se livra aux soldats. Pierre tira l'épée pour le défendre ; mais Jésus lui dit : « Remettez cette épée dans le fourreau, car quiconque se servira de l'épée, périra par l'épée. »

La plupart des disciples abandonnèrent leur maître et s'enfuirent. Jésus fut emmené chez Caïphe, où les princes des prêtres et les magistrats du peuple étaient assemblés. C'est là que l'innocent et le juste fut interrogé comme un criminel, quoique ses actions eussent été publiques, et bientôt, sur son témoignage, condamné à mort, pour avoir, d'après l'interpellation du grand-prêtre, confessé qu'il était le fils de Dieu. Dès ce moment, il fut en butte à une longue suite d'insultes et d'outrages, qui, selon la remarque d'un historien, semblent avoir été plutôt racontés que prédits par David.

En vain Pilate jugeait-il insuffisants les motifs de la condamnation de Jésus. Sa mort était résolue. On lui imputa alors d'avoir voulu se faire roi des Juifs. Pilate le renvoya devant Hérode, qui, n'obtenant de Jésus pour toute réponse que le silence , le fit revêtir d'une robe blanche , signe dérisoire de sa royauté et de son innocence, et le remit entre les mains de Pilate.

Celui-ci, qui voulait le sauver, proposa au peuple de lui donner la liberté à l'occasion de la fête de Pâques, laissant d'ailleurs à la multitude le choix entre Jésus et un chef de voleurs nommé Barabbas. Mais on préféra que la grâce fût accordée à ce dernier.

Alors Pilate fit flageller Jésus par ses soldats ; à la douleur, les soldats joignirent l'insulte ; et, l'ayant couvert d'un manteau de pourpre et couronné d'épines, ils le saluèrent du titre de *roi des Juifs*. Jésus souffrit tout en silence. C'est dans cet état que Pilate le présentant au peuple dit : *Voilà l'homme !*

On fit encore quelques tentatives pour le sauver, mais le sacrifice devait être accompli.

Jésus fut chargé de sa croix, dont un Cyrénéen, nommé Simon, partagea le fardeau, et il fut conduit entre deux criminels au mont Calvaire. Suivi par plusieurs femmes qui fondaient en larmes, il se retourna, et il leur dit de pleurer, non sur lui, mais sur elles-mêmes et sur leurs enfants. Dépouillé de ses habits par les soldats, cloué et suspendu à la croix, avec une inscription au dessus de sa tête, le Sauveur fut exposé aux railleries. Jésus, abreuvé d'amertume et accablé d'outrages, demandait à son père la grâce de ses bourreaux. « Mon père, » s'écriait-il, « pardonnez-leur, car ils ne savent ce qu'ils font. » Il pardonna aussi l'un des deux larrons qui se trouvait à côté de lui. Apercevant sa mère et Jean au pied de la croix, il dit à sa mère : « Femme, voilà votre fils ; » et à saint Jean : « Voilà votre mère. »

Les évangélistes rapportent que, depuis l'heure de midi, le soleil fut obscurci et la terre couverte de ténèbres. Sur les trois heures, Jésus, ayant jeté un grand cri, dit : « Tout est consommé, » baissa la tête et rendit l'esprit.

Le voile du temple se déchira en deux, la terre trembla, les rochers se fendirent, des sépulcres s'ouvrirent. Tous les témoins de cette mort s'écrièrent : « C'était un homme juste. » D'autres dirent : « C'était vraiment le fils de Dieu. »

Placé dans le tombeau, Jésus fut gardé. Les saintes femmes vinrent y pleurer. Mais ni les gardes, ni la pierre qui scellait l'entrée n'empêchèrent la résurrection glorieuse qui eut lieu le troisième jour. Il apparut alors à ses disciples réunis, en leur disant : *La paix soit avec vous !* Enfin, après avoir passé quarante jours à consoler et à instruire ses apôtres, à affermir leur foi et à jeter les fondements de son Église, le moment de quitter la terre étant arrivé, il leur annonça encore les plus sublimes vérités ; il y joignit les promesses les plus consolantes ; il éleva les mains les bénit, et, en les bénissant, il se sépara d'eux, et il monta au ciel à leurs yeux.

Il y a lieu de faire remarquer ici que les apôtres ont commencé par douter de la résurrection de Jésus-Christ ; qu'il n'ont cédé qu'à la force victorieuse des preuves, à l'évidence des faits.

Il suffit de considérer avec quelque attention les différentes circonstances de la naissance, de la vie et de la mort de Jésus-Christ, et de tous les événements qui ont suivi dans l'ordre de la religion, pour voir clairement que ce nouveau législateur était le terme de toutes les figures de l'ancienne loi ; qu'il a été cet envoyé extraordinaire, annoncé dès l'origine du monde, l'objet des vœux des patriarches, l'attente des nations, celui enfin dont tous les prophètes n'ont parlé qu'avec le respect dû à la majesté d'un Dieu, lors même qu'ils annonçaient ses souffrances et ses opprobres.

« La majesté des Ecritures m'étonne, » dit Rousseau, « mais la sainteté de l'Evangile parle à mon cœur : voyez les livres des philosophes, avec toute leur pompe, qu'ils sont petits près de celui-là ! Se peut-il qu'un livre, livre à la fois si sublime et si sage, soit l'ouvrage des hommes ? Se peut-il que celui dont il fait l'histoire ne soit qu'un homme lui-même ? Est-ce là le ton d'un enthousiaste ou d'un ambitieux sectaire ? Quelle douceur ! Quelle pureté dans ses mœurs ! Quelle grâce touchante dans ses instructions ! Quelle élévation dans ses maximes ! Quelle profonde sagesse dans ses discours ! Quelle présence d'esprit, quelle finesse et quelle justesse dans ses réponses ! Quel empire sur ses passions ! où est l'homme, Où est le sage qui sait agir, souffrir et mourir sans ostentation ? Quand Platon peint son juste imaginaire couvert de tout l'opprobre du crime, et digne de tous les prix de la vertu, il peint trait pour trait Jésus-Christ ; la ressemblance est si frappante, que tous les Pères l'ont sentie, et qu'il n'est pas possible de s'y tromper.

» Quels préjugés, quel aveuglement ne faut-il pas avoir pour oser comparer le fils de Sophronisque au fils de Marie ! Quelle distance de l'un à l'autre ! Socrate mourant sans douleur, sans ignominie, soutint aisément jusqu'au bout son personnage, et si cette facile mort n'eût honoré sa vie, on douterait si Socrate, avec tout son esprit, fut autre chose qu'un sophiste. Il inventa, dit-on, la morale : d'autres, avant lui, l'avaient mise en pratique ; il ne fit que dire ce qu'ils avaient fait, il ne fit que mettre en leçons leurs exemples. Aristide avait été juste avant que Socrate eût dit ce que c'était que la justice. Léonidas était mort pour son pays, avant que Socrate eût fait un devoir d'aimer la patrie. Sparte était sobre avant que Socrate eût loué la sobriété ; avant qu'il eût loué la vertu, la Grèce abondait en hommes vertueux. Mais où Jésus avait-il pris, chez les siens, cette morale élevée et pure, dont lui seul a donné les leçons et l'exemple ? Du sein du plus furieux fanatisme, la plus haute sagesse se fit entendre, et la simplicité des plus hautes vertus honora le plus vil de tous les peuples. La mort de Socrate, philosophant tranquillement avec ses amis, est la plus douce qu'on puisse désirer ; celle de Jésus, expirant dans les tourments, injurié, raillé, maudit de tout un peuple, est la plus horrible qu'on puisse craindre. Socrate, prenant la coupe empoisonnée, bénit celui qui la lui présente et qui pleure. Jésus, au milieu d'un affreux supplice, prie pour ses bourreaux acharnés. Oui, si la vie et la mort de Socrate sont d'un sage, la vie et la mort de Jésus sont d'un Dieu. »

Cet hommage rendu par l'auteur du *Contrat Social* à la divinité de Jésus-Christ, est trop éclatant, quoique fort connu, pour que nous ayons négligé de le citer dans un travail qui, selon le but que nous nous proposons, doit montrer à nos lecteurs ce que les peuples unis par une sainte fraternité peuvent attendre de véritable prospérité en pratiquant la doctrine de celui qui a dit : *Ayez confiance, j'ai vaincu le monde !*

Imprimerie de Raynal, à Rambouillet.

www.ingramcontent.com/pod-product-compliance
Lightning Source LLC
Chambersburg PA
CBHW061150050726
47594CB00008B/3347